論語十一篇讀目次

論語十一篇讀敘

佛學有結集有毘曇三藏浩汗循其統緒而可讀孔學無是旣阨秦火又復年堙於是老師宿儒曾不能答具體之求而世無眞孔世旣不得眞孔尊亦何益於尊謗亦烏乎云謗苟可取而利用崇之如天或不利於其私墜之如淵於孔何與哉東海有聖人焉此心同此理同也西海有聖人焉此心同此理同也而愚者不然曰此禪也非聖也死於門戶之拘一任衆芳蕪穢天下不知務者又如此也嗚呼孔學亡矣若能精內典嫺般若輿胥以秦者文武之道猶不盡墜

於地歟般若直下明心孔亦直下明心盡墨子短喪薄葬一切由事起孔子食旨不甘聞樂不樂一切由心起直下明心不願乎外是之謂一無入而不自得焉是之謂貫也然因是而有疑意見之心直下危險者而不知般若固自性離言但行於義也般若固無知也般若離言行義孔亦離言行義所謂時行物生天亦何言也般若無知孔亦無知所謂問我空空叩端而竭也然因是而又有疑乎純任天然墮落無事甲裹者而不知般若固相似相續而不絕也般若相似相續孔亦相似相續所謂逝者如斯不舍晝夜也

於穆不已天之所以爲天至誠無息人之所以爲人也非盡心知性不足以知天非知天之所以爲天不足以知人非知人之所以爲人不足以知仁仁者人也孔之所以爲孔也如是集性天篇而讀也直下明心不由事起故求仁得仁無與於父命天倫殷有三仁無與於去奴與死忠清難行而無與於仁欲仁至仁而無與於遠仁也性天也一也然達於事則分別非一也事親仁也從兄義也知不去乎二者智也節文斯二者禮也樂斯二者而烏可以已樂也義集而快足也意誠而快足也有諸己之謂信也是則樂也

者信也興詩立禮而成於樂也知之好之不如其樂之也是故孔顏之樂豈吟風弄月以歸而倉卒可尋也如是集仁篇而讀集禮篇而讀集達道篇而讀集爲政篇而讀也直下明心有諸己而信循至美大聖神而高堅前後不可爲象然有其方則下學而上達是也博文而約禮文行而忠信不息悠久則博大而高明如是集爲學篇而讀也溫恭而安悲憫而爲如是集聖德篇而讀也始之集勸學君子小人篇而讀以定其趣也終之集羣弟子古今人篇而讀以博其義也孫輩讀經苦無課本類而聚之曰論語十一篇

讀也。倉卒應求。粗疏無當。若必組織成統緒談須萃羣經大其結集。然後有濟。此儒者所有事也。嗚呼。先疇畎畝。無穢如斯。在我後之人。又安能忍與此終古哉。

民國二十年辛未十月歐陽漸敘於支那內學院

論語十一篇讀

勸學第一

子曰。學而時習之。不亦說乎。有朋自遠方來。不亦樂乎。人不知而不慍。不亦君子乎。○子曰。人能弘道。非道弘人。○子曰。誰能出不由戸。何莫由斯道也。○子曰。朝聞道。夕死可矣。○子張問善人之道。子曰。不踐迹。亦不入於室。○子曰。十室之邑。必有忠信如丘者焉。不如丘之好學也。○子曰。我非生而知之者。好古敏以求之者也。○子曰。自行束脩以上。吾未嘗無誨焉。○子曰。不憤不啟。不悱不發。舉一隅不與三隅反。則不復也。○子曰。驥不稱其力。稱其德也。○子曰。三軍可奪帥也。匹夫不可奪志也。○子　歲寒。然後知松柏之後彫也。○子曰。君子疾沒世而名不稱焉。○齊景公有馬千駟。死之日。民無得而稱焉。伯夷叔齊餓於首陽之下。民到於今稱之。誠不以富。亦祇以異。其斯之謂與。○子曰。富而可求也。雖執鞭之士。吾亦爲之。如不可求。從吾所好。○子曰。飯疏食飲水。曲肱而枕之。樂亦在其中矣。不義而富且貴。於我如浮雲。○子曰。三年學。不至於穀。不易得也。○子曰。不患無位。患所以立。不患莫己知。求爲可知也。○子曰。不患

人之不己知患不知人也。○子曰不患人之不己知
患其不能也。○子曰君子病無能焉不病人之不己
知也。○子曰君子謀道不謀食耕也餒在其中矣學
也祿在其中矣君子憂道不憂貧。○子曰士志於道
而恥惡衣惡食者未足以議也。○子曰士而懷居不
足以爲士矣。○子曰君子食無求飽居無求安敏於
事而愼於言就有道而正焉可謂好學也已。○子曰
德之不修學之不講聞義不能徙不善不能改是吾
憂也。○子曰不曰如之何如之何者吾末如之何也
已矣。○子曰法語之言能無從乎改之爲貴巽與之

言能無說乎繹之爲貴說而不繹從而不改吾末如
之何也已矣。○子曰人無遠慮必有近憂。○子曰飽
食終日無所用心難矣哉不有博奕者乎爲之猶賢
乎已。○子曰羣居終日言不及義好行小慧難矣哉
○子曰見賢思齊焉見不賢而內自省也。○子曰已
矣乎吾未見能見其過而內自訟者也。○子曰吾未
見好德如好色者也。○子曰已矣乎吾未見好德如
好色者也。○子曰過而不改是謂過矣。○唐棣之華
偏其反而豈不爾思室是遠而子曰未之思也夫何
遠之有○子曰學而不思則罔思而不學則殆。○子

曰吾嘗終日不食終夜不寢以思無益不如學也○子曰由也女聞六言六蔽矣乎對曰未也居吾語女好仁不好學其蔽也愚好知不好學其蔽也蕩好信不好學其蔽也賊好直不好學其蔽也絞好勇不好學其蔽也亂好剛不好學其蔽也狂○子曰譬如爲山未成一簣止吾止也譬如平地雖覆一簣進吾往也○子曰苗而不秀者有以夫秀而不實者有以夫○子曰後生可畏焉知來者之不如今也四十五十而無聞焉斯亦不足畏也已○子曰年四十而見惡焉其終也已○子曰學如不及猶恐失之○子曰溫故而知新可以爲師矣

君子小人第二

子曰。論篤是與。君子者乎。色莊者乎。○子貢問曰。鄉人皆好之。何如。子曰。未可也。鄉人皆惡之。何如。子曰。未可也。不如鄉人之善者好之。其不善者惡之。○子曰。衆惡之。必察焉。衆好之。必察焉。○子曰。視其所以。觀其所由。察其所安。人焉廋哉。人焉廋哉。○子曰。君子喻於義。小人喻於利。○子曰。君子懷德。小人懷土。君子懷刑。小人懷惠。○子曰。君子求諸己。小人求諸人。○子曰。君子上達。小人下達。○子曰。君子坦蕩蕩。小人長戚戚。○孔子曰。君子有三畏。畏天命。畏大人。畏聖人之言。小人不知天命而不畏也。狎大人。侮聖人之言。○子路曰。君子尚勇乎。子曰。君子義以爲尚。君子有勇而無義爲亂。小人有勇而無義爲盜。○衛靈公問陳於孔子。孔子對曰。俎豆之事。則嘗聞之矣。軍旅之事。未之學也。明日遂行。在陳絕糧。從者病莫能興。子路慍見曰。君子亦有窮乎。子曰。君子固窮。小人窮斯濫矣。○子曰。君子不可小知。而可大受也。小人不可大受。而可小知也。○子曰。君子周而不比。小人比而不周。○子曰。君子和而不同。小人同而不和。○子曰。君子泰而不驕。小人驕而不泰。○子曰。君子

成人之美不成人之惡小人反是。○子曰君子易事而難說也說之不以道不說也及其使人也器之小人難事而易說也說之雖不以道說也及其使人也求備焉。○子曰君子而不仁者有矣乎未有小人而仁者也。

子曰古之學者為己今之學者為人。○子曰古者民有三疾今也或是之亡也古之狂也肆今之狂也蕩古之矜也廉今之矜也忿戾古之愚也直今之愚也詐而已矣。○孔子曰益者三樂損者三樂樂節禮樂樂道人之善樂多賢友益矣樂驕樂樂逸遊樂宴樂損矣。

爲學第三

子曰君子不器。○子曰君子之於天下也無適也無莫也義之與比。○子曰君子矜而不爭羣而不黨。○子曰君子貞而不諒。○子曰質勝文則野文勝質則史文質彬彬然後君子。○子曰君子博學於文約之以禮亦可以弗畔矣夫。○子曰辭達而已矣。○子曰弟子入則孝出則弟謹而信汎愛眾而親仁行有餘力則以學文。○子曰如有周公之才之美使驕且吝其餘不足觀也已。○子曰君子義以爲質禮以行之孫以出之信以成之君子哉。○子曰不知命無以爲

君子也不知禮無以立也不知言無以知人也。○子曰志於道據於德依於仁遊於藝。○子曰君子不重則不威學則不固主忠信無友不如己者過則勿憚改。○子張問崇德辨惑子曰主忠信徙義崇德也愛之欲其生惡之欲其死既欲其生又欲其死是惑也。○樊遲從遊於舞雩之下曰敢問崇德脩慝辨惑子曰善哉問先事後得非崇德與攻其惡無攻人之惡非脩慝與一朝之忿忘其身以及其親非惑與。○孔子曰君子有三戒少之時血氣未定戒之在色及其壯也血氣方剛戒之在鬬及其老也血氣既衰戒之

在得。○子曰。君子有九思。視思明。聽思聰。色思溫。貌思恭。言思忠。事思敬。疑思問。忿思難。見得思義。○子貢問君子。子曰。先行其言。而後從之。○子曰。君子欲訥於言。而敏於行。○子曰。君子恥其言而過其行。○子曰。古者言之不出。恥躬之不逮也。○子曰。以約失之者鮮矣。○子曰。其言之不怍。則為之也難。○孔子曰。侍於君子有三愆。言未及之而言。謂之躁。言及之而不言。謂之隱。未見顏色而言。謂之瞽。○子曰。可以言而不與之言。失人。不可以言而與之言。失言。知者不失人。亦不失言。○子曰。君子不以言舉人。不以人廢言。○子曰。巧言亂德。小不忍。則亂大謀。○子曰。邦有道。危言危行。邦無道。危行言孫。○子曰。篤信好學。守死善道。危邦不入。亂邦不居。天下有道則見。無道則隱。邦有道。貧且賤焉。恥也。邦無道。富且貴焉。恥也。○憲問恥。子曰。邦有道穀。邦無道穀。恥也。○司馬牛問君子。子曰。君子不憂不懼。曰。不憂不懼。斯謂之君子矣乎。子曰。內省不疚。夫何憂何懼。○子張問明。子曰。浸潤之譖。膚受之愬。不行焉。可謂明也已矣。浸潤之譖。膚受之愬。不行焉。可謂遠也已矣。○葉公語孔子曰。吾黨有直躬者。其父攘羊。而子證之。孔子曰。吾黨

之直者異於是。父爲子隱。子爲父隱。直在其中矣。○
或曰。以德報怨。何如。子曰。何以報德。以直報怨。以德
報德。○子曰。南人有言曰。人而無恆。不可以作巫醫。
善夫。不恆其德。或承之羞。子曰。不占而已矣。○子曰。
聖人吾不得而見之矣。得見君子者。斯可矣。善人吾
不得而見之矣。得見有恆者。斯可矣。亡而爲有。虛而
爲盈。約而爲泰。難乎有恆矣。○子曰。人而無信。不知
其可也。大車無輗。小車無軏。其何以行之哉。○子曰。
非其鬼而祭之。諂也。見義不爲。無勇也。○子曰。好勇
疾貧。亂也。人而不仁。疾之已甚。亂也。○子曰。貧而無

怨難。富而無驕易。○子張問。士何如斯可謂之達矣。
子曰。何哉。爾所謂達者。子張對曰。在邦必聞。在家必
聞。子曰。是聞也。非達也。夫達也者。質直而好義。察言
而觀色。慮以下人。在邦必達。在家必達。夫聞也者。色
取仁而行違。居之不疑。在邦必聞。在家必聞。○子張
問行。子曰。言忠信。行篤敬。雖蠻貊之邦。行矣。言不忠
信。行不篤敬。雖州里行乎哉。立則見其參於前也。在
輿則見其倚於衡也。夫然後行。子張書諸紳。○子貢
問曰。有一言而可以終身行之者乎。子曰。其恕乎。己
所不欲。勿施於人。○子曰。躬自厚而薄責於人。則遠

怨矣。○子路問曰何如斯可謂之士矣子曰切切偲偲怡怡如也可謂士矣朋友切切偲偲兄弟怡怡。○子路問君子子曰修己以敬曰如斯而已乎曰修己以安人曰如斯而已乎曰修己以安百姓修己以安百姓堯舜其猶病諸。○子曰不得中行而與之必也狂狷乎狂者進取狷者有所不爲也。○孔子曰生而知之者上也學而知之者次也困而學之又其次也困而不學民斯爲下矣。○子曰可以共學未可以適道可與適道未可與立可與立未可與權。○子曰知之者不如好之者好之者不如樂之者。○子曰齊一

變至於魯魯一變至於道。○子路問成人子曰若臧武仲之知公綽之不欲卞莊子之勇冉求之藝文之以禮樂亦可以爲成人矣曰今之成人者何必然見利思義見危授命久要不忘平生之言亦可以爲成人矣。○子曰知及之仁不能守之雖得之必失之知及之仁能守之不莊以涖之則民不敬知及之仁能守之莊以涖之動之不以禮未善也。○子貢問曰何如斯可謂之士矣子曰行己有恥使於四方不辱君命可謂士矣曰敢問其次曰宗族稱孝焉鄉黨稱弟焉曰敢問其次曰言必信行必果硜硜然小人哉抑

亦可以爲次矣曰今之從政者何如子曰噫斗筲之人何足算也。

子曰鄉愿德之賊也。○子曰攻乎異端斯害也已。○子曰色厲而內荏譬諸小人其猶穿窬之盜也與。○子曰放於利而行多怨。○子曰惡紫之奪朱也惡鄭聲之亂雅樂也惡利口之覆邦家者。○子貢曰君子亦有惡乎子曰有惡惡稱人之惡者惡居下流而訕上者惡勇而無禮者惡果敢而窒者曰賜也亦有惡乎惡徼以爲智者惡不孫以爲勇者惡訐以爲直者。○子曰道聽而塗說德之棄也。○子曰狂而不直侗

而不愿悾悾而不信吾不知之矣。○子曰人之生也直罔之生也幸而免。○子曰唯女子與小人爲難養也近之則不孫遠之則怨。

仁第四

微子去之箕子爲之奴比干諫而死孔子曰殷有三仁焉。○冉有曰夫子爲衛君乎子貢曰諾吾將問之入曰伯夷叔齊何人也曰古之賢人也曰怨乎曰求仁而得仁又何怨出曰夫子不爲也。○子曰剛毅木訥近仁。○子曰知者不惑仁者不憂勇者不懼。○子曰知者樂水仁者樂山知者動仁者靜知者樂仁者壽。○子曰有德者必有言有言者不必有德仁者必有勇勇者不必有仁。○子曰巧言令色鮮矣仁。○子曰不仁者不可以久處約不可以長處樂仁者安仁

知者利仁。○子曰唯仁者能好人能惡人。○子曰人之過也各於其黨觀過斯知仁矣。○子曰苟志於仁矣無惡也。○子張問曰令尹子文三仕爲令尹無喜色三已之無慍色舊令尹之政必以告新令尹何如。子曰忠矣曰仁矣乎曰未知焉得仁崔子弑齊君陳文子有馬十乘棄而違之至於他邦則曰猶吾大夫崔子也違之之一邦則又曰猶吾大夫崔子也違之何如子曰淸矣曰仁矣乎曰未知焉得仁。○克伐怨欲不行焉可以爲仁矣子曰可以爲難矣仁則吾不知也。

子曰。里仁爲美。擇不處仁。焉得知。○子曰。仁遠乎哉。我欲仁。斯仁至矣。○子曰。富與貴。是人之所欲也。不以其道得之。不處也。貧與賤。是人之所惡也。不以其道得之。不去也。君子去仁。惡乎成名。君子無終食之間違仁。造次必於是。顚沛必於是。○子曰。我未見好仁者惡不仁者。好仁者無以尙之。惡不仁者其爲仁矣。不使不仁者加乎其身。有能一日用其力於仁矣乎。我未見力不足者。蓋有之矣。我未之見也。○子曰。民之於仁也。甚於水火。水火。吾見蹈而死者矣。未見蹈仁而死者也。○子曰。當仁不讓於師。○子曰。志士

仁人。無求生以害仁。有殺身以成仁。

顏淵問仁。子曰。克己復禮爲仁。一日克己復禮。天下歸仁焉。爲仁由己。而由人乎哉。顏淵曰。請問其目。子曰。非禮勿視。非禮勿聽。非禮勿言。非禮勿動。顏淵曰。回雖不敏。請事斯語矣。○仲弓問仁。子曰。出門如見大賓。使民如承大祭。己所不欲。勿施於人。在邦無怨。在家無怨。仲弓曰。雍雖不敏。請事斯語矣。○司馬牛問仁。子曰。仁者其言也訒。曰。其言也訒。斯謂之仁矣乎。子曰。爲之難。言之得無訒乎。○樊遲問知。子曰。務民之義。敬鬼神而遠之。可謂知矣。問仁。曰。仁者先難

而後獲可謂仁矣。○樊遲問仁子曰居處恭執事敬與人忠雖之夷狄不可棄也。○樊遲問仁子曰愛人問知子曰知人樊遲未達子曰舉直錯諸枉能使枉者直樊遲退見子夏曰鄉也吾見於夫子而問知子曰舉直錯諸枉能使枉者直何謂也子夏曰富哉言乎。舜有天下選於衆舉皋陶不仁者遠矣湯有天下選於衆舉伊尹不仁者遠矣。○子貢問爲仁子曰工欲善其事必先利其器居是邦也事其大夫之賢者友其士之仁者。○子貢曰如有博施於民而能濟衆何如可謂仁乎子曰何事於仁必也聖乎堯舜其猶病諸夫仁者己欲立而立人己欲達而達人能近取譬可謂仁之方也已。○宰我問曰仁者雖告之曰井有人焉其從之也子曰何爲其然也君子可逝也不可陷也可欺也不可罔也。○子張問仁於孔子孔子曰能行五者於天下爲仁矣請問之曰恭寬信敏惠恭則不侮寬則得衆信則人任焉敏則有功惠則足以使人。

禮第五

子曰興於詩立於禮成於樂。○子曰能以禮讓爲國乎何有不能以禮讓爲國如禮何。○子曰恭而無禮則勞愼而無禮則葸勇而無禮則亂直而無禮則絞。君子篤於親則民興於仁故舊不遺則民不偷。○子曰人而不仁如禮何人而不仁如樂何。○子曰禮云禮云玉帛云乎哉樂云樂云鐘鼓云乎哉。○林放問禮之本子曰大哉問禮與其奢也寧儉喪與其易也寧戚。○子曰奢則不遜儉則固與其不遜也寧固。○子曰居上不寬爲禮不敬臨喪不哀吾何以觀之哉。

○子曰禘自既灌而往者吾不欲觀之矣。○或問禘之說子曰不知也知其說者之於天下也其如示諸斯乎指其掌。○祭如在祭神如神在子曰吾不與祭如不祭。○子入太廟每事問或曰孰謂鄹人之子知禮乎入太廟每事問子聞之曰是禮也。○子曰君子無所爭必也射乎揖讓而升下而飲其爭也君子。○子曰射不主皮爲力不同科古之道也。○子張問十世可知也子曰殷因於夏禮所損益可知也周因於殷禮所損益可知也其或繼周者雖百世可知也。○子曰夏禮吾能言之杞不足徵也殷禮吾能言之宋

不足徵也。文獻不足故也。足則吾能徵之矣。○子曰。
周監於二代。郁郁乎文哉。吾從周。○子曰。先進於禮
樂野人也。後進於禮樂君子也。如用之則吾從先進。
○子曰。麻冕禮也。今也純儉。吾從衆。拜下禮也。今拜
乎上泰也。雖違衆。吾從下。○子貢欲去告朔之餼羊。
子曰。賜也。爾愛其羊。我愛其禮。○陳司敗問昭公知
禮乎。孔子曰。知禮。孔子退。揖巫馬期而進之曰。吾聞
君子不黨。君子亦黨乎。君取於吳爲同姓。謂之吳孟
子。君如知禮。孰不知禮。巫馬期以告。子曰。丘也幸。苟
有過。人必知之。○孔子謂季氏。八佾舞於庭。是可忍

也。孰不可忍也。○三家者以雍徹。子曰。相維辟公。天
子穆穆。奚取於三家之堂。○季氏旅於泰山。子謂冉
有曰。女弗能救與。對曰。不能。子曰。嗚呼。曾謂泰山不
如林放乎。○王孫賈問曰。與其媚於奧。寧媚於竈。何
謂也。子曰。不然。獲罪於天。無所禱也。○子張曰。書云
高宗諒陰。三年不言。何謂也。子曰。何必高宗。古之人
皆然。君薨。百官總己。以聽於冢宰三年。○邦君之妻。
君稱之曰夫人。夫人自稱曰小童。邦人稱之曰君夫
人。稱諸異邦曰寡小君。異邦人稱之亦曰君夫人。
子語魯太師樂曰。樂其可知也。始作翕如也。從之純

如也。皦如也。繹如也。以成。○子謂韶盡美矣。又盡善也。謂武盡美矣。未盡善也。○子在齊聞韶。三月不知肉味。曰。不圖爲樂之至於斯也。○子曰。師摯之始。關雎之亂。洋洋乎。盈耳哉。○子曰。吾自衞反魯。然後樂正。雅頌各得其所。

子所雅言。詩書執禮。皆雅言也。○子曰。小子。何莫學夫詩。詩可以興。可以觀。可以羣。可以怨。邇之事父。遠之事君。多識於鳥獸草木之名。○子謂伯魚曰。女爲周南召南矣乎。人而不爲周南召南。其猶正牆面而立也與。○子曰。關雎樂而不淫。哀而不傷。○子曰。詩

三百。一言以蔽之。曰思無邪。○子曰。誦詩三百。授之以政。不達。使於四方。不能專對。雖多。亦奚以爲。○子貢曰。貧而無諂。富而無驕。何如。子曰。可也。未若貧而樂。富而好禮者也。子貢曰。詩云。如切如磋。如琢如磨。其斯之謂與。子曰。賜也。始可以言詩已矣。告諸往而知來者。○子夏問曰。巧笑倩兮。美目盼兮。素以爲絢兮。何謂也。子曰。繪事後素。曰。禮後乎。子曰。起予者商也。始可與言詩已矣。○陳亢問於伯魚曰。子亦有異聞乎。對曰。未也。嘗獨立。鯉趨而過庭。曰。學詩乎。對曰。未也。不學詩。無以言。鯉退而學詩。他日又獨立。鯉趨

而過庭。曰。學禮乎。對曰。未也。不學禮。無以立。鯉退而學禮。聞斯二者。陳亢退而喜曰。問一得三。聞詩聞禮。又聞君子之遠其子也。

性天第六

子曰中人以上可以語上也。中人以下。不可以語上也。○子貢曰夫子之文章可得而聞也。夫子之言性與天道不可得而聞也。○子曰性相近也。習相遠也。子曰唯上知與下愚不移。○子絕四毋意毋必毋固毋我。○子曰不逆詐不億不信抑亦先覺者是賢乎。○子曰吾有知乎哉無知也。有鄙夫問於我空空如也。我扣其兩端而竭焉。○子曰予欲無言。子貢曰子而不言則小子何述焉。子曰天何言哉。四時行焉。百物生焉。天何言哉。○子在川上曰逝者如斯夫。不舍

晝夜。○子曰二三子以我爲隱乎。吾無隱夫爾。吾無行而不與二三子者是丘也。○子曰中庸之爲德其至矣乎。民鮮久矣。○顏淵喟然歎曰仰之彌高讚之彌堅瞻之在前忽焉在後。夫子循循然善誘人博我以文約我以禮欲罷不能既竭吾才如有所立卓爾。雖欲從之末由也已。○子曰莫我知也夫。子貢曰何爲其莫知子也。子曰不怨天不尤人下學而上達知我者其天乎。○子曰參乎。吾道一以貫之。曾子曰唯。子出門人問曰何謂也。曾子曰夫子之道忠恕而已矣。○子曰賜也女以予爲多學而識之者與。對曰然。

非與。曰非也。予一以貫之。○宰我問三年之喪期已久矣。君子三年不爲禮禮必壞。三年不爲樂樂必崩。舊穀既沒。新穀既升。鑽燧改火期可已矣。子曰食夫稻衣夫錦於女安乎。曰安。女安則爲之。夫君子之居喪食旨不甘。聞樂不樂。居處不安。故不爲也。今女安。則爲之。宰我出。子曰予之不仁也。子生三年然後免於父母之懷。夫三年之喪。天下之通喪也。予也有三年之愛於其父母乎。○子曰。加我數年。五十以學易。可以無大過矣。○季路問事鬼神。子曰未能事人。焉能事鬼。敢問死。曰未知生。焉知死。

達道第七

孟武伯問孝。子曰。父母唯其疾之憂。〇子游問孝。子曰。今之孝者。是謂能養。至於犬馬。皆能有養。不敬。何以別乎。〇子夏問孝。子曰。色難。有事。弟子服其勞。有酒食。先生饌。曾是以爲孝乎。〇孟懿子問孝。子曰。無違。樊遲御。子告之曰。孟孫問孝於我。我對曰無違。樊遲曰。何謂也。子曰。生事之以禮。死葬之以禮。祭之以禮。〇子曰。事父母幾諫。見志不從。又敬不違。勞而不怨。〇子曰。父母在。不遠遊。遊必有方。〇子曰。父母之年。不可不知也。一則以喜。一則以懼。〇子曰。父在。觀其志。父沒。觀其行。三年無改於父之道。可謂孝矣。

定公問。君使臣。臣事君。如之何。孔子對曰。君使臣以禮。臣事君以忠。〇子曰。事君敬其事而後其食。〇子曰。事君盡禮。人以爲諂也。〇子路問事君。子曰。勿欺也。而犯之。〇子曰。愛之能勿勞乎。忠焉能勿誨乎。〇子曰。鄙夫可與事君也與哉。其未得之也。患得之。既得之。患失之。苟患失之。無所不至矣。〇子曰。夷狄之有君。不如諸夏之亡也。〇陳成子弒簡公。孔子沐浴而朝。告於哀公曰。陳恆弒其君。請討之。公曰。告夫三子。孔子曰。以吾從大夫之後。不敢不告也。君曰告夫

三子者。之三子告。不可。孔子曰。以吾從大夫之後。不敢不告也。

子曰。德不孤。必有鄰。○子曰。道不同。不相爲謀。○子曰。三人行。必有我師焉。擇其善者而從之。其不善者而改之。○孔子曰。益者三友。損者三友。友直。友諒。友多聞。益矣。友便辟。友善柔。友便佞。損矣。○子貢問友。子曰。忠告而善道之。不可則止。毋自辱焉。

爲政第八

子曰爲政以德譬如北辰居其所而衆星拱之○子曰道之以政齊之以刑民免而無恥道之以德齊之以禮有恥且格○子曰上好禮則民易使也○樊遲請學稼子曰吾不如老農請學爲圃曰吾不如老圃樊遲出子曰小人哉樊須也上好禮則民莫敢不敬上好義則民莫敢不服上好信則民莫敢不用情夫如是則四方之民襁負其子而至矣焉用稼○或謂孔子曰子奚不爲政子曰書云孝乎惟孝友於兄弟施於有政是亦爲政奚其爲爲政○齊景公問政於

孔子孔子對曰君君臣臣父父子子公曰善哉信如君不君臣不臣父不父子不子雖有粟吾得而食諸○子貢問政子曰足食足兵民信之矣子貢曰必不得已而去於斯三者何先曰去兵子貢曰必不得已而去於斯二者何先曰去食自古皆有死民無信不立○季康子問政於孔子孔子對曰政者正也子帥以正孰敢不正○子曰其身正不令而行其身不正雖令不從○子曰苟正其身矣於從政乎何有不能正其身如正人何○季康子患盜問於孔子孔子對曰苟子之不欲雖賞之不竊○季康子問使民敬忠以

勸。如之何。子曰。臨之以莊則敬。孝慈則忠。舉善而教不能則勸。○哀公問曰。何爲則民服。孔子對曰。舉直錯諸枉則民服。舉枉錯諸直則民不服。○仲弓爲季氏宰。問政。子曰。先有司。赦小過。舉賢才。曰。焉知賢才而舉之。曰。舉爾所知。爾所不知。人其舍諸。○定公問一言而可以興邦。有諸。孔子對曰。言不可以若是其幾也。人之言曰。爲君難。爲臣不易。如知爲君之難也不幾乎一言而興邦乎。曰。一言而喪邦。有諸。孔子對曰。言不可以若是其幾也。人之言曰。予無樂乎爲君唯其言而莫予違也。如其善而莫予違也。不亦善乎。

如不善而莫予違也。不幾乎一言而喪邦乎。○季康子問政於孔子曰。如殺無道。以就有道。何如。孔子對曰。子爲政。焉用殺。子欲善而民善矣。君子之德風。小人之德草。草上之風必偃。○子曰。善人爲邦百年。亦可以勝殘去殺矣。誠哉是言也。○子曰。如有王者。必世而後仁。○子曰。善人教民七年。亦可以卽戎矣。○子曰。以不教民戰。是謂棄之。○子曰。民可使由之。不可使知之。○子路問政。子曰。先之勞之。請益。曰。無倦○子張問政。子曰。居之無倦。行之以忠。○子夏爲莒父宰。問政。子曰。無欲速。無見小利。欲速則不達。見小

利則大事不成。○子曰道千乘之國敬事而信節用而愛人使民以時。○子適衞冉有僕子曰庶矣哉冉有曰旣庶矣又何加焉。曰富之曰旣富矣又何加焉。曰教之。○子路曰衞君待子而爲政子將奚先子曰。必也正名乎。子路曰有是哉子之迂也奚其正子曰。野哉由也君子於其所不知蓋闕如也名不正則言不順言不順則事不成事不成則禮樂不興禮樂不興則刑罰不中刑罰不中則民無所措手足故君子名之必可言也言之必可行也君子於其言無所苟而已矣。○顏淵問爲邦子曰行夏之時乘殷之輅服周之冕樂則韶舞放鄭聲遠佞人鄭聲淫佞人殆。○子曰爲命裨諶草創之世叔討論之行人子羽脩飾之東里子產潤色之。○葉公問政子曰近者悅遠者來。○季氏將伐顓臾冉有季路見於孔子曰季氏有將有事於顓臾孔子曰求無乃爾是過與夫顓臾昔者先王以爲東蒙主且在邦域之中矣是社稷之臣也何以伐爲冉有曰夫子欲之吾二臣者皆不欲也。孔子曰求周任有言曰陳力就列不能者止危而不持顚而不扶則將焉用彼相與且爾言過矣虎兕出於柙龜玉毀於櫝中是誰之過與冉有曰今夫顓臾。

固而近於費。今不取。後世必爲子孫憂。孔子曰。求。君子疾乎。舍曰。欲之而必爲之辭。丘也聞有國有家者。不患寡而患不均。不患貧而患不安。蓋均無貧。和無寡。安無傾。夫如是。故遠人不服。則脩文德以來之。既來之。則安之。今由與求也。相夫子。遠人不服。而不能來也。邦分崩離析。而不能守也。而謀動干戈於邦內。吾恐季孫之憂。不在顓臾。而在蕭牆之內也。○冉子退朝。子曰。何晏也。對曰。有政。子曰。其事也。如有政。雖不吾以。吾其與聞之。○子曰。不在其位。不謀其政。○孔子曰。天下有道。則禮樂征伐自天子出。天下無道。

則禮樂征伐自諸侯出。自諸侯出。蓋十世希不失矣。自大夫出。五世希不失矣。陪臣執國命。三世希不失矣。天下有道。則政不在大夫。天下有道。則庶人不議。○孔子曰。祿之去公室五世矣。政逮於大夫四世矣。故夫三桓之子孫微矣。○子曰。魯衛之政。兄弟也。○子曰。吾猶及史之闕文也。有馬者借人乘之。今亡矣乎。○子曰。觚不觚。觚哉觚哉。

以下錄原本堯曰第二十而除其卒章

堯曰。咨爾舜。天之曆數在爾躬。允執其中。四海困窮。天祿永終。舜亦以命禹。曰。予小子履。敢用玄牡。敢昭

告于皇皇后帝。有罪不敢赦。帝臣不蔽。簡在帝心。朕躬有罪。無以萬方。萬方有罪。罪在朕躬。周有大賚。善人是富。雖有周親。不如仁人。百姓有過。在予一人。謹權量。審法度。脩廢官。四方之政行焉。興滅國。繼絕世。舉逸民。天下之民歸心焉。所重民食喪祭。寬則得衆。信則民任焉。敏則有功。公則說。○子張問於孔子曰。何如斯可以從政矣。子曰。尊五美。屏四惡。斯可以從政矣。子張曰。何謂五美。子曰。君子惠而不費。勞而不怨。欲而不貪。泰而不驕。威而不猛。子張曰。何謂惠而不費。子曰。因民之所利而利之。斯不亦惠而不費乎。

擇可勞而勞之。又誰怨。欲仁而得仁。又焉貪。君子無衆寡。無小大。無敢慢。斯不亦泰而不驕乎。君子正其衣冠。尊其瞻視。儼然人望而畏之。斯不亦威而不猛乎。子張曰。何謂四惡。子曰。不教而殺謂之虐。不戒視成謂之暴。慢令致期謂之賊。猶之與人也。出納之吝。謂之有司。

聖德第九

子畏於匡。曰。文王既沒。文不在玆乎。天之將喪斯文也。後死者不得與於斯文也。天之未喪斯文也。匡人其如予何。○子曰。天生德於予。桓魋其如予何。○太宰問於子貢曰。夫子聖者與。何其多能也。子貢曰。固天縱之將聖。又多能也。子聞之曰。太宰知我乎。吾少也賤。故多能鄙事。君子多乎哉。不多也。牢曰。子云。吾不試。故藝。○達巷黨人曰。大哉孔子。博學而無所成名。子聞之。謂門弟子曰。吾何執。執御乎。執射乎。吾執御矣。○子曰。若聖與仁。則吾豈敢。抑爲之不厭。誨人不倦。則可謂云爾已矣。公西華曰。正唯弟子不能學也。○子曰。默而識之。學而不厭。誨人不倦。何有於我哉。○子曰。有教無類。○子曰。述而不作。信而好古。竊比於我老彭。○葉公問孔子於子路。子路不對。子曰。女奚不曰。其爲人也。發憤忘食。樂以忘憂。不知老之將至云爾。○子曰。君子道者三。我無能焉。仁者不憂。知者不惑。勇者不懼。子貢曰。夫子自道也。○子曰。文。莫吾猶人也。躬行君子。則吾未之有得。○子曰。出則事公卿。入則事父兄。喪事不敢不勉。不爲酒困。何有於我哉。○子曰。蓋有不知而作之者。我無是也。多聞

擇其善者而從之多見而識之知之次也○子曰吾十有五而志於學三十而立四十而不惑五十而知天命六十而耳順七十而從心所欲不踰矩

儀封人請見曰君子之至於斯也吾未嘗不得見也從者見之出曰二三子何患於喪乎天下之無道也久矣天將以夫子爲木鐸○顏淵季路侍子曰盍各言爾志子路曰願車馬衣輕裘與朋友共敝之而無憾顏淵曰願無伐善無施勞子路曰願聞子之志子曰老者安之朋友信之少者懷之○子貢曰有美玉於斯韞匵而藏諸求善賈而沽諸子曰沽之哉沽之

哉我待賈者也○子曰苟有用我者期月而已可也三年有成○子曰鳳鳥不至河不出圖吾已矣夫○子曰甚矣吾衰也久矣吾不復夢見周公○子欲居九夷或曰陋如之何子曰君子居之何陋之有○公山弗擾以費畔召子欲往子路不悅曰末之也已何必公山氏之之也子曰夫召我者而豈徒哉如有用我者吾其爲東周乎○佛肸召子欲往子路曰昔者由也聞諸夫子曰親於其身爲不善者君子不入也佛肸以中牟畔子之往也如之何子曰然有是言也不曰堅乎磨而不磷不曰白乎涅而不緇吾豈匏瓜

也哉焉能繫而不食。○子見南子子路不悅夫子矢之曰予所否者天厭之天厭之。○微生畝謂孔子曰丘何爲是棲棲者與無乃爲佞乎孔子曰非敢爲佞也疾固也。○子曰賢者辟世其次辟地其次辟色其次辟言。○子曰作者七人矣。○大師摯適齊亞飯干適楚三飯繚適蔡四飯缺適秦鼓方叔入於河播鼗武入於漢少師陽擊磬襄入於海。○子路宿於石門晨門曰奚自子路曰自孔氏曰是知其不可而爲之者與。○子擊磬於衛有荷蕢而過孔氏之門者曰有心哉擊磬乎既而曰鄙哉硜硜乎莫己知也斯已而已矣深則厲淺則揭子曰果哉末之難矣。○楚狂接輿歌而過孔子曰鳳兮鳳兮何德之衰往者不可諫來者猶可追已而已而今之從政者殆而孔子下欲與之言趨而辟之不得與之言。○長沮桀溺耦而耕孔子過之使子路問津焉長沮曰夫執輿者爲誰子路曰爲孔丘曰是魯孔丘與曰是也曰是知津矣問於桀溺桀溺曰子爲誰曰爲仲由曰是魯孔丘之徒與對曰然曰滔滔者天下皆是也而誰以易之且而與其從辟人之士也豈若從辟世之士哉耰而不輟子路行以告夫子憮然曰鳥獸不可以同羣吾非斯

人之徒與而誰與天下有道丘不與易也○子路從而後遇丈人以杖荷蓧子路問曰子見夫子乎丈人曰四體不勤五穀不分孰爲夫子植其杖而芸子路拱而立止子路宿殺鷄爲黍而食之見其二子焉明日子路行以告子曰隱者也使子路反見之至則行矣子路曰不仕無義長幼之節不可廢也君臣之義如之何其廢之欲潔其身而亂大倫君子之仕也行其義也道之不行已知之矣

衛公孫朝問於子貢曰仲尼焉學子貢曰文武之道未墜於地在人賢者識其大者不賢者識其小者莫

不有文武之道焉夫子焉不學而亦何常師之有○叔孫武叔語大夫於朝曰子貢賢於仲尼子服景伯以告子貢子貢曰譬之宮牆賜之牆也及肩窺見室家之好夫子之牆數仞不得其門而入不見宗廟之美百官之富得其門者或寡矣夫子之云不亦宜乎○叔孫武叔毀仲尼子貢曰無以爲也仲尼不可毀也他人之賢者丘陵也猶可踰也仲尼日月也無得而踰焉人雖欲自絕其何傷於日月乎多見其不知量也○陳子禽謂子貢曰子爲恭也仲尼豈賢於子乎子貢曰君子一言以爲知一言以爲不知言不可

不愼也。夫子之不可及也。猶天之不可階而升也。夫子之得邦家者。所謂立之斯立。道之斯行。綏之斯來。動之斯和。其生也榮。其死也哀。如之何其可及也。○子溫而厲。威而不猛。恭而安。○子之燕居。申申如也。夭夭如也。○子罕言利與命與仁。○子不語怪力亂神。○子以四敎。文行忠信。○子釣而不綱。弋不射宿。○子與人歌而善。必使反之。而後和之。○子之所愼。齊戰疾。○子疾病。子路請禱。子曰。有諸。子路對曰。有之。誄曰。禱爾于上下神祇。子曰。丘之禱久矣。○子疾病。子路使門人爲臣。病閒曰。久矣哉。由之行詐也。無臣而爲有臣。吾誰欺。欺天乎。且予與其死於臣之手也。無寧死於二三子之手乎。且予縱不得大葬。予死於道路乎。○子見齊衰者。冕衣裳者。見之雖少必作。過之必趨。○子食於有喪者之側。未嘗飽也。子於是日哭。則不歌。○師冕見。及階。子曰。階也。及席。子曰。席也。皆坐。子告之曰。某在斯。某在斯。師冕出。子張問曰。與師言之道與。子曰。然。固相師之道也。○子曰。吾之於人也。誰毀誰譽。如有所譽者。其有所試矣。斯民也。三代之所以直道而行也。○闕黨童子將命。或問之曰。益者與。子曰。吾見其居於位也。見其與先生並行

也非求益者也欲速成者也。○互鄉難與言童子見。門人惑子曰人潔己以進與其潔也不保其往也與其進也不與其退也唯何甚。○孺悲欲見孔子孔子辭以疾將命者出戶取瑟而歌使之聞之。○陽貨欲見孔子孔子不見歸孔子豚孔子時其亡也而往拜之遇諸塗謂孔子曰來予與爾言曰懷其寶而迷其邦可謂仁乎曰不可好從事而亟失時可謂知乎曰不可日月逝矣歲不我與孔子曰諾吾將仕矣。○齊人歸女樂季桓子受之三日不朝孔子行。○齊景公待孔子曰若季氏則吾不能以季孟之閒待之曰吾

老矣不能用也孔子行。○公伯寮愬子路於季孫子服景伯以告曰夫子固有惑志於公伯寮吾力猶能肆諸市朝子曰道之將行也與命也道之將廢也與命也公伯寮其如命何。○子禽問於子貢曰夫子之至於是邦也必聞其政求之與抑與之與子貢曰夫子温良恭儉讓以得之夫子之求之也其諸異乎人之求之與。

以下錄原本鄉黨第十全文不動

孔子於鄉黨恂恂如也似不能言者其在宗廟朝庭便便言唯謹爾。○朝與下大夫言侃侃如也與上大

夫言誾誾如也。君在。踧踖如也。與與如也。○君召使擯。色勃如也。足躩如也。揖所與立。左右手。衣前後襜如也。趨進。翼如也。賓退。必復命曰。賓不顧矣。○入公門。鞠躬如也。如不容。立不中門。行不履閾。過位。色勃如也。足躩如也。其言似不足者。攝齊升堂。鞠躬如也。屏氣似不息者。出降一等。逞顏色。怡怡如也。沒階趨。翼如也。復其位。踧踖如也。○執圭。鞠躬如也。如不勝。上如揖。下如授。勃如戰色。足蹜蹜如有循。享禮有容色。私覿愉愉如也。○君子不以紺緅飾。紅紫不以爲褻服。當暑袗絺綌。必表而出之。緇衣羔裘。素衣麑裘。

黃衣狐裘。褻裘長。短右袂。狐貉之厚以居。去喪無所不佩。非帷裳必殺之。羔裘玄冠不以弔。吉月必朝服而朝。○齊必有明衣布。必有寢衣。長一身有半。齊必變食。居必遷坐。○食不厭精。膾不厭細。食饐而餲。魚餒而肉敗不食。色惡不食。臭惡不食。失飪不食。不時不食。割不正不食。不得其醬不食。肉雖多不使勝食氣。惟酒無量。不及亂。沽酒市脯不食。不撤薑食。不多食。祭於公不宿肉。祭肉不出三日。出三日不食之矣。食不語。寢不言。雖疏食菜羹瓜祭。必齊如也。○席不正不坐。○鄉人飲酒。杖者出斯出矣。鄉人儺。朝服而

立於阼階。○問人於他邦再拜而送之。康子饋藥拜而受之曰丘未達不敢嘗。○廄焚子退朝曰傷人乎不問馬。○君賜食必正席先嘗之君賜腥必熟而薦之君賜生必畜之侍食於君君祭先飯疾君視之東首加朝服拖紳君命召不俟駕行矣。○朋友死無所歸曰於我殯朋友之饋雖車馬非祭肉不拜。○寢不尸居不容見齊衰者雖狎必變見冕者與瞽者雖褻必以貌凶服者式之式負版者有盛饌必變色而作。迅雷風烈必變。○升車必正立執綏車中不內顧不疾言不親指。○色斯舉矣翔而後集曰山梁雌雉時

哉時哉子路共之三嗅而作。

羣弟子第十

子曰回也其心三月不違仁。其餘則日月至焉而已
矣。○哀公問弟子孰爲好學。孔子對曰有顏回者好
學。不遷怒不貳過。不幸短命死矣。今也則亡。未聞好
學者也。○季康子問弟子孰爲好學。孔子對曰有顏
回者好學。不幸短命死矣。今也則亡。○曾子曰以能
問於不能。以多問於寡。有若亡。實若虛。犯而不校。昔
者吾友嘗從事於斯矣。○子曰語之而不惰者其回
也與。○子謂顏淵曰惜乎吾見其進也。未見其止也。
○子曰吾與回言終日不違如愚。退而省其私亦足

以發。回也不愚。○子曰回也非助我者也。於吾言無
所不說。○子曰賢哉回也。一簞食。一瓢飲。在陋巷。人
不堪其憂。回也不改其樂。賢哉回也。○子畏於匡。顏
淵後。子曰吾以女爲死矣。曰子在。回何敢死。○子謂
顏淵曰用之則行。舍之則藏。惟我與爾有是夫。子路
曰子行三軍則誰與。子曰暴虎馮河死而無悔者。吾
不與也。必也臨事而懼好謀而成者也。○顏淵死。子
曰噫。天喪予。天喪予。○顏淵死。子哭之慟。從者曰子
慟矣。曰有慟乎。非夫人之爲慟而誰爲。○顏淵死。顏
路請子之車以爲之椁。子曰才不才。亦各言其子也。

鯉也死有棺而無椁吾不徒行以爲之椁以吾從大夫之後不可徒行也。○顏淵死門人欲厚葬之子曰不可門人厚葬之子曰回也視予猶父也予不得視猶子也非我也夫二三子也。

子謂子賤君子哉若人魯無君子者斯焉取斯子貢問曰賜也何如子曰女器也曰何器也曰瑚璉也。○子貢方人子曰賜也賢乎哉夫我則不暇。○子貢曰我不欲人之加諸我也吾亦欲無加諸人子曰賜也非爾所及也。○棘子成曰君子質而已矣何以文爲子貢曰惜乎夫子之說君子也駟不及舌文猶質也

質猶文也虎豹之鞟猶犬羊之鞟。○子貢曰紂之不善不如是之甚也是以君子惡居下流天下之惡皆歸焉。○子貢曰君子之過也如日月之食焉過也人皆見之更也人皆仰之。○子曰回也其庶乎屢空賜不受命而貨殖焉億則屢中。○子謂子貢曰女與回也孰愈對曰賜也何敢望回回也聞一以知十賜也聞一以知二子曰弗如也吾與女弗如也。

曾子曰君子思不出其位。○曾子曰吾日三省吾身爲人謀而不忠乎與朋友交而不信乎傳不習乎。○曾子曰士不可以不弘毅任重而道遠仁以爲己任

不亦重乎。死而後已。不亦遠乎。○曾子曰可以託六尺之孤。可以寄百里之命。臨大節而不可奪也。君子人與。君子人也。○曾子曰君子以文會友。以友輔仁。○曾子曰吾聞諸夫子。人未有自致者也。必也親喪乎。○曾子曰吾聞諸夫子。孟莊子之孝也。其他可能也。其不改父之臣與父之政。是難能也。○孟氏使陽膚爲士師。問於曾子。曾子曰上失其道。民散久矣。如得其情。則哀矜而勿喜。○曾子曰愼終追遠。民德歸厚矣。○曾子有疾。召門弟子曰啟予足。啟予手。詩云。戰戰兢兢。如臨深淵。如履薄冰。而今而後。吾知免夫。

小子。○曾子有疾。孟敬子問之。曾子言曰鳥之將死。其鳴也哀。人之將死。其言也善。君子所貴乎道者三。動容貌。斯遠暴慢矣。正顏色。斯近信矣。出辭氣。斯遠鄙倍矣。籩豆之事。則有司存。

子夏曰博學而篤志。切問而近思。仁在其中矣。○子夏曰日知其所亡。月無忘其所能。可謂好學也已矣。○子夏曰雖小道必有可觀者焉。致遠恐泥。是以君子不爲也。○子夏曰大德不踰閑。小德出入可也。○子夏曰賢賢易色。事父母能竭其力。事君能致其身。與朋友交言而有信。雖曰未學。吾必謂之學矣。○子

夏曰百工居肆以成其事君子學以致其道○子夏曰君子有三變望之儼然即之也溫聽其言也厲○子夏曰小人之過也必文○子游曰子夏之門人小子當灑掃應對進退則可矣抑末也本之則無如之何子夏聞之曰噫言游過矣君子之道孰先傳焉孰後倦焉譬諸草木區以別矣君子之道焉可誣也有始有卒者其唯聖人乎○司馬牛憂曰人皆有兄弟我獨無子夏曰商聞之矣死生有命富貴在天君子敬而無失與人恭而有禮四海之內皆兄弟也君子何患乎無兄弟也○子謂子夏曰女爲君子儒無爲小人儒○子夏曰仕而優則學學而優則仕○子夏曰君子信而後勞其民未信則以爲厲己也信而後諫未信則以爲謗己也

子張曰士見危致命見得思義祭思敬喪思哀其可已矣○子張曰執德不弘信道不篤焉能爲有焉能爲亡○子夏之門人問交於子張子張曰子夏云何對曰子夏曰可者與之其不可者拒之子張曰異乎吾所聞君子尊賢而容衆嘉善而矜不能我之大賢與於人何所不容我之不賢與人將拒我如之何其拒人也○子游曰吾友張也爲難能也然而未仁○

曾子曰堂堂乎張也難與並爲仁矣。○子張學干祿。
子曰多聞闕疑愼言其餘則寡尤多見闕殆愼行其
餘則寡悔言寡尤行寡悔祿在其中矣。○子貢問師
與商也孰賢子曰師也過商也不及曰然則師愈與。
子曰過猶不及。
子路有聞未之能行唯恐有聞。○子曰片言可以折
獄者其由也與子路無宿諾。○子曰聽訟吾猶人也
必也使無訟乎。○子曰衣敝縕袍與衣狐貉者立而
不恥者其由也與不忮不求何用不臧子路終身誦
之子曰是道也何足以臧。○子曰由之瑟奚爲於丘

之門門人不敬子路子曰由也升堂矣未入於室也。
○子路使子羔爲費宰子曰賊夫人之子子路曰有
民人焉有社稷焉何必讀書然後爲學子曰是故惡
夫佞者。○子曰道不行乘桴浮於海從我者其由與。
子路聞之喜子曰由也好勇過我無所取材。○子曰
由誨女知之乎知之爲知之不知爲不知是知也。○
子曰由知德者鮮矣。
冉求曰非不說子之道力不足也子曰力不足者中
道而廢今女畫。○子華使於齊冉子爲其母請粟子
曰與之釜請益曰與之庾冉子與之粟五秉子曰赤

之適齊也乘肥馬衣輕裘吾聞之也君子周急不繼富原思為之宰與之粟九百辭子曰毋以與爾鄰里鄉黨乎。○季氏富於周公而求也為之聚斂而附益之子曰非吾徒也小子鳴鼓而攻之可也。○子路問聞斯行諸子曰有父兄在如之何其聞斯行之冉有問聞斯行諸子曰聞斯行之公西華曰由也問聞斯行諸子曰有父兄在求也問聞斯行諸子曰聞斯行之赤也惑敢問子曰求也退故進之由也兼人故退之。

子之武城聞絃歌之聲夫子莞爾而笑曰割雞焉用

牛刀子游對曰昔者偃也聞諸夫子曰君子學道則愛人小人學道則易使也子曰二三子偃之言是也前言戲之耳。○子游為武城宰子曰女得人焉爾乎曰有澹臺滅明者行不由徑非公事未嘗至於偃之室也。○子游曰喪致乎哀而止。○子游曰事君數斯辱矣朋友數斯疏矣。

子曰孝哉閔子騫人不閒於其父母昆弟之言。○魯人為長府閔子騫曰仍舊貫如之何何必改作子曰夫人不言言必有中。○季氏使閔子騫為費宰閔子騫曰善為我辭焉如有復我者則吾必在汶上矣。

伯牛有疾子問之自牖執其手曰亡之命矣乎斯人也而有斯疾也斯人也而有斯疾也

子曰雍也可使南面仲弓問子桑伯子子曰可也簡仲弓曰居敬而行簡以臨其民不亦可乎居簡而行簡毋乃太簡乎子曰雍之言然○或曰雍也仁而不佞子曰焉用佞禦人以口給屢憎於人不知其仁焉用佞○子謂仲弓曰犂牛之子騂且角雖欲勿用山川其舍諸

南宮适問於孔子曰羿善射奡盪舟俱不得其死然禹稷躬稼而有天下夫子不答南宮适出子曰君子

哉若人尚德哉若人○南容三復白圭孔子以其兄之子妻之○子謂公冶長可妻也雖在縲絏之中非其罪也以其子妻之子謂南容邦有道不廢邦無道免於刑戮以其兄之子妻之

有子曰其爲人也孝弟而好犯上者鮮矣不好犯上而好作亂者未之有也君子務本本立而道生孝弟也者其爲仁之本與○有子曰禮之用和爲貴先王之道斯爲美小大由之有所不行知和而和不以禮節之亦不可行也○有子曰信近於義言可復也恭近於禮遠恥辱也因不失其親亦可宗也○哀公問

於有若曰年饑用不足如之何有若對曰盍徹乎曰
二吾猶不足如之何其徹也對曰百姓足君孰與不
足百姓不足君孰與足
哀公問社於宰我宰我對曰夏后氏以松殷人以栢
周人以栗曰使民戰栗子聞之曰成事不說遂事不
諫既往不咎○宰予晝寢子曰朽木不可雕也糞土之
牆不可杇也於予與何誅子曰始吾於人也聽其言而信
其行今吾於人也聽其言而觀其行於予與改是
子曰吾未見剛者或對曰申棖子曰棖也慾焉得剛
子使漆雕開仕對曰吾斯之未能信子說

子曰從我於陳蔡者皆不及門也德行顏淵閔子騫
冉伯牛仲弓言語宰我子貢政事冉有季路文學子
游子夏○子在陳曰歸與歸與吾黨之小子狂簡斐
然成章不知所以裁之○子路曾晳冉有公西華侍
坐子曰以吾一日長乎爾毋吾以也居則曰不吾知
也如或知爾則何以哉子路率爾而對曰千乘之國
攝乎大國之閒加之以師旅因之以饑饉由也為之
比及三年可使有勇且知方也夫子哂之求爾何如
對曰方六七十如五六十求也為之比及三年可使
足民如其禮樂以俟君子赤爾何如對曰非曰能之

願學焉。宗廟之事。如會同。端章甫。願爲小相焉。點爾何如。鼓瑟希。鏗爾。舍瑟而作。對曰異乎三子者之撰。子曰何傷乎。亦各言其志也。曰莫春者。春服既成。冠者五六人。童子六七人。浴乎沂。風乎舞雩。詠而歸。夫子喟然歎曰吾與點也。三子者出。曾皙後。曾皙曰夫三子者之言何如。子曰亦各言其志也已矣。曰夫子何哂由也。曰爲國以禮。其言不讓。是故哂之。唯求則非邦也與。安見方六七十如五六十而非邦也者。唯赤則非邦也與。宗廟會同。非諸侯而何。赤也爲之小。孰能爲之大。○閔子侍側。誾誾如也。子路行行如也。冉有子貢侃侃如也。子樂。若由也不得其死然。○柴也愚。參也魯。師也辟。由也喭。○孟武伯問子路仁乎。子曰不知也。又問。子曰由也千乘之國。可使治其賦也。不知其仁也。求也何如。子曰求也千室之邑。百乘之家。可使爲之宰也。不知其仁也。赤也何如。子曰赤也束帶立於朝。可使與賓客言也。不知其仁也。○季康子問仲由可使從政也與。子曰由也果。於從政乎何有。曰賜也可使從政也與。曰賜也達。於從政乎何有。曰求也可使從政也與。曰求也藝。於從政乎何有。○季子然問仲由冉求可謂大臣與。子曰吾以子爲

異之問，曾由與求之問。所謂大臣者，以道事君，不可則止。今由與求也，可謂具臣矣。曰：然則從之者與？子曰：弑父與君，亦不從也。

古今人第十一

子曰大哉堯之爲君也。巍巍乎唯天爲大唯堯則之。蕩蕩乎民無能名焉。巍巍乎其有成功也。煥乎其有文章。○子曰巍巍乎舜禹之有天下也而不與焉。○子曰無爲而治者其舜也與。夫何爲哉恭己以正南面而已矣。○子曰禹吾無間然矣。菲飲食而致孝乎鬼神惡衣服而致美乎黻冕卑宮室而盡力乎溝洫。禹吾無間然矣。○舜有臣五人而天下治。武王曰予有亂臣十人。孔子曰才難不其然乎。唐虞之際於斯爲盛有婦人焉九人而已。三分天下有其二。以服事

殷周之德其可謂至德也已矣。○周公謂魯公曰君子不施其親不使大臣怨乎不以。故舊無大故則不棄也。無求備於一人。○子曰泰伯其可謂至德也已矣。三以天下讓。民無得而稱焉。○子曰伯夷叔齊不念舊惡怨是用希。○柳下惠爲士師三黜。人曰子未可以去乎。曰直道而事人焉往而不三黜。枉道而事人何必去父母之邦。○子曰巧言令色足恭左丘明恥之丘亦恥之。匿怨而友其人左丘明恥之丘亦恥之。○子曰直哉史魚。邦有道如矢。邦無道如矢。君子哉蘧伯玉。邦有道則仕。邦無道則可卷而懷之。○蘧

伯玉使人於孔子。孔子與之坐而問焉。曰。夫子何爲。對曰。夫子欲寡其過而未能也。使者出。子曰。使乎使乎。○周有八士。伯達伯适仲突仲忽叔夜叔夏季隨季騧。○逸民伯夷叔齊虞仲夷逸朱張柳下惠少連。子曰。不降其志。不辱其身。伯夷叔齊與。謂柳下惠少連降志辱身與。言中倫。行中慮。其斯而已矣。謂虞仲夷逸隱居放言。身中清。廢中權。我則異於是。無可無不可。

子曰。晉文公譎而不正。齊桓公正而不譎。○子言衛靈公之無道也。康子曰。夫如是。奚而不喪。孔子曰。仲叔圉治賓客。祝鮀治宗廟。王孫賈治軍旅。夫如是。奚其喪。○子曰。管仲之器小哉。或曰。管仲儉乎。曰。管氏有三歸。官事不攝。焉得儉。然則管仲知禮乎。曰。邦君樹塞門。管氏亦樹塞門。邦君爲兩君之好有反坫。管氏亦有反坫。管氏如知禮。孰不知禮。○子路曰。桓公殺公子糾。召忽死之。管仲不死。曰。未仁乎。子曰。桓公九合諸侯。不以兵車。管仲之力也。如其仁。如其仁。○子貢曰。管仲非仁者與。桓公殺公子糾。不能死。又相之。子曰。管仲相桓公。霸諸侯。一匡天下。民到于今受其賜。微管仲。吾其被髮左衽矣。豈若匹夫匹婦之爲

諒也。自經於溝瀆而莫之知也。○子謂子產有君子
之道四焉。其行己也恭。其事上也敬。其養民也惠。其
使民也義。○或問子產。子曰。惠人也。問子西。曰。彼哉
彼哉。問管仲。曰。人也。奪伯氏駢邑三百。飯疏食。沒齒
無怨言。○子曰。晏平仲善與人交。久而敬之。○子曰。
孟之反不伐。奔而殿。將入門。策其馬曰。非敢後也。馬
不進也。○子曰。甯武子邦有道則智。邦無道則愚。其
知可及也。其愚不可及也。○子曰。孟公綽爲趙魏老
則優。不可以爲滕薛大夫。○子問公叔文子於公明
賈曰。信乎夫子不言不笑不取乎。公明賈對曰。以告

者過也。夫子時然後言。人不厭其言。樂然後笑。人不
厭其笑。義然後取。人不厭其取。子曰。其然。豈其然乎。
○公叔文子之臣大夫僎與文子同升諸公。子聞之
曰。可以爲文矣。○子貢問曰。孔文子何以謂之文也。
子曰。敏而好學。不恥下問。是以謂之文也。○子謂衞
公子荊善居室。始有曰。苟合矣。少有曰。苟完矣。富有
曰。苟美矣。○季文子三思而後行。子聞之曰。再斯可
矣。○子曰。臧文仲居蔡。山節藻梲。何如其知也。○子
曰。臧文仲其竊位者與。知柳下惠之賢而不與立也。
○子曰。臧武仲以防求爲後於魯。雖曰不要君。吾不

信也。○子曰孰謂微生高直。或乞醯焉。乞諸其鄰而與之。○原壤夷俟。子曰幼而不孫弟。長而無述焉。老而不死是謂賊。以杖叩其脛。

孔子曰見善如不及。見不善如探湯。吾見其人矣。吾聞其語矣。隱居以求其志。行義以達其道。吾聞其語矣。未見其人也。○子曰不有祝鮀之佞而有宋朝之美。難乎免於今之世矣。

論語十一篇讀

